Dados Internacionais de Catalogação na Publicação (CIP) de acordo com ISBD

A174a	Aceti, Laura
	Atlas do mundo com bandeiras / Laura Aceti ; Giorgio Bergamino ilustrado por Emanuella Carletti ; traduzido por Paloma Blanca. - Jandira, SP : Ciranda Cultural, 2024.
	62 p. : il. ; 27,20cm x 36,00cm.
	Título original: Atlas del mundo com banderas
	ISBN: 978-65-261-1438-4
	1. Literatura infantil. 2. Descoberta. 3. Diversão. 4. Mundo. 5. País. I. Bergamino, Giorgio. II. Carletti, Emanuella. III. Título.
2024-1941	CDD 028.5
	CDU 82-93

Elaborada por Lucio Feitosa - CRB-8/8803

Índice para catálogo sistemático:
1. Literatura infantil 028.5
2. Literatura infantil 82-93

© SUSAETA EDICIONES S.A.
C/ Campezo, 13 – 28022 Madri
Tel.: 91 3009100 – Fax: 91 3009118

© 2024 desta edição:
Ciranda Cultural Editora e Distribuidora Ltda.
Tradução: Paloma Blanca
Editora: Jamille Gentile
Preparação de texto: Angela das Neves
Revisão: Mayara Marques e Mariana Fujisawa
Diagramação: Darlene Escribano

1ª Edição em 2024
www.cirandacultural.com.br
Todos os direitos reservados. Nenhuma parte desta publicação pode ser reproduzida, arquivada em sistema de busca ou transmitida por qualquer meio, seja ele eletrônico, fotocópia, gravação ou outros, sem prévia autorização do detentor dos direitos, e não pode circular encadernada ou encapada de maneira distinta daquela em que foi publicada, ou sem que as mesmas condições sejam impostas aos compradores subsequentes.

ATLAS DO MUNDO
COM BANDEIRAS

Ciranda Cultural

A **RÚSSIA EUROPEIA** é um termo que se refere aos territórios ocidentais da Rússia, localizados no interior do continente europeu. A Rússia europeia ocupa quase 40% da Europa.

No total, há **43 PAÍSES EUROPEUS**, aos quais se somam outros sete por razões geográficas, históricas ou culturais: Rússia, Chipre, Turquia, Cazaquistão, Geórgia, Armênia e Azerbaijão.

O **PARLAMENTO EUROPEU** é eleito pelos cidadãos de toda a União Europeia a cada cinco anos, e é essa instituição que os representa.

1 euro (moeda da União Europeia)

O **BÓSFORO** é o estreito que marca o limite geográfico entre a Europa e a Ásia.

Recordes europeus

MAIOR PAÍS
Rússia europeia: 3.711.747 km²

MENOR PAÍS
Cidade do Vaticano (na cidade de Roma): 0,44 km²

CIDADE MAIS POPULOSA
Moscou: cerca de 13 milhões de habitantes

PLANÍCIE MAIS EXTENSA
A Grande Planície Europeia (da Bélgica aos Urais)

MONTANHA MAIS ALTA
Mont Blanc (Itália, França): 4.808 m

MAIOR RIO
Volga (Rússia): 3.532 km; deságua no Mar Cáspio.

MAIOR LAGO
Lago Ladoga (Rússia): 17.700 km²

MAIOR MAR
Mar Mediterrâneo (costa sul): 2.505.000 km²

MAIOR ILHA
Grã-Bretanha (Reino Unido): 218.595 km²

Recordes africanos

MONTANHA MAIS ALTA
Kilimanjaro (Tanzânia): 5.895 m

MAIOR DESERTO
Saara (Norte da África): 9.000.000 km²

MAIOR PAÍS
Argélia: 2.381.741 km²

CIDADE MAIS POPULOSA
Kinshasa (República Democrática do Congo): 12.855.000 habitantes

MAIOR ILHA
Madagascar (Oceano Índico): 587.713 km²

CAPITAL MAIS ALTA
Adis Abeba (Etiópia): 2.408 m

O norte da África inicia na região norte do deserto do Saara. Abrange: Marrocos, Argélia, Tunísia, Líbia e Egito.

RIO MAIS EXTENSO
Nilo (Egito): 6.671 km; deságua no Mar Mediterrâneo.

O CORNO DA ÁFRICA é uma península triangular que se estende até o Oceano Índico e abrange Eritreia, Etiópia, Djibuti e Somália.

MAIOR LAGO
Lago Vitória (Tanzânia, Uganda, Quênia): 68.800 km².

Mar de Okhotsk

COREIA DO NORTE

Pequim

Pyongyang

Mar do Japão

JAPÃO

Seul

COREIA DO SUL

Tóquio

Mar da China Oriental

Oceano Pacífico

Mar da China Meridional

O JAPÃO é um país montanhoso formado por 6.852 ilhas. As cinco maiores são: Hokkaido, Honshu, Kyushu, Shikoku e Okinawa.

39

O sudeste asiático, especialmente nos arquipélagos da Indonésia e das Filipinas, é altamente sísmico: muitas das suas ilhas têm numerosos **VULCÕES ATIVOS**.

ÁSIA

BIRMÂNIA

Baía de Bengala

Naypyidaw

LAOS

Hanói

Vienciana

Mar da China Oriental

A **INDOCHINA** é uma grande península no sudeste asiático, que se estende entre a Baía de Bengala e o Mar da China Meridional.

TAILÂNDIA

Bangkok

VIETNÃ

Mar da China Meridional

CAMBOJA

Phnom Penh

BRUNEI

Bandar Seri Begawan

Kuala Lumpur

MALÁSIA

SINGAPURA

Oceano Índico

INDONÉSIA

Jacarta

Mar de Java

A **INDONÉSIA** é formada por 17.508 ilhas e é o maior país-arquipélago do mundo. Com mais de 275 milhões de habitantes, é o quarto país mais povoado do mundo.

40

Sudeste asiático

O SUDESTE ASIÁTICO é uma região da Ásia localizada ao sul da China e ao norte da Austrália, entre o Oceano Índico e o Pacífico.

Manila

FILIPINAS

Mar das Filipinas

Oceano Pacífico

OCEANIA

Dili

TIMOR LESTE

Mar de Timor

41

A GROENLÂNDIA (ao leste do Canadá) é a maior ilha do planeta. Pertence à Dinamarca.

EUROPA

Os AMERÍNDIOS são os povos que viviam no subcontinente norte-americano antes da chegada dos europeus, em 1492.

Oceano Glacial Ártico

Estreito De Davis

Área: 42.550.000 km²

Habitantes: 1,1 bilhão

Baía De Hudson

Golfo do México

CANADÁ

ESTADOS UNIDOS DA AMÉRICA

MÉXICO

O ALASCA é um estado dos Estados Unidos da América e não possui ligação territorial com nenhum outro.

Estátua da Liberdade (Estados Unidos da América)

Machu Picchu (Peru)

Monte Rushmore (Estados Unidos da América)

Oceano Glacial Ártico

ÁSIA

Estreito De Bering

Países: 35

América

A América é o único continente da Terra que se estende inteiramente no hemisfério ocidental. É considerado um único continente dividido em dois subcontinentes: a América do Norte e a América do Sul. Ambos estão unidos pela América Central.

O CARIBE inclui todos os países banhados pelo Mar do Caribe, isto é, todas as ilhas das Antilhas e os litorais de alguns países da América do Norte, Central e do Sul.

A AMAZÔNIA é uma imensa selva ou floresta tropical rica em biodiversidade. Regula o clima e os ciclos biológicos que influenciam todo o planeta.

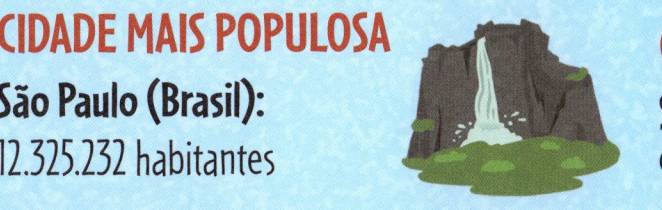

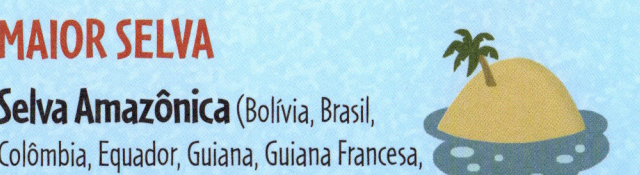

Recordes americanos

MAIOR PAÍS
Canadá: 9.897.170 km²

MENOR PAÍS
São Cristóvão e Névis: 271,9 km²

CIDADE MAIS POPULOSA
São Paulo (Brasil): 12.325.232 habitantes

MAIOR SELVA
Selva Amazônica (Bolívia, Brasil, Colômbia, Equador, Guiana, Guiana Francesa, Peru, Suriname, Venezuela).

MONTANHA MAIS ALTA
Aconcágua (Argentina): 6.961 m

MAIOR RIO
Amazonas (Colômbia, Peru, Brasil): 6.992 km; deságua no Oceano Atlântico.

MAIOR LAGO
Lago Superior (EUA): 82.100 km²

CACHOEIRA MAIS ALTA
Salto Ángel (Venezuela): 979 m

MAIOR ILHA
Groenlândia (Dinamarca): 2.121.286 km²

43

O ESTREITO DE BERING, com cerca de 83 quilômetros de extensão, é um canal marinho que separa a Ásia (Rússia) da América.

Oceano Glacial Ártico

Estreito de Bering

ÁSIA

CANADÁ

Oceano Pacífico

ILHAS DO HAVAÍ

América do Norte

44

O CANADÁ é o segundo maior país do mundo em extensão. O primeiro é a Rússia.

GROENLÂNDIA

Estreito de Davis

Baía de Hudson

Mar de Labrador

Lago Superior

Ottawa

Oceano Atlântico

MISSOURI

MISSISSIPPI

ROUTE US 66

Washington, D.C.

ESTADOS UNIDOS DA AMÉRICA

MÉXICO

Golfo do México

SeaWorld

Os ESTADOS UNIDOS DA AMÉRICA são uma república federal da América do Norte, composta por cinquenta estados e um distrito federal (Washington D.C.).

45

O México, situado na América Norte, e os países da América Central e do Sul formam o que chamamos de América Latina.

Na AMÉRICA LATINA, fala-se o português (no Brasil) e o espanhol nos demais países, exceto o Suriname (holandês) e a Guiana (inglês).

Golfo da Califórnia

MÉXICO

CIDADE DO MÉXICO

Oceano Pacífico

Com 81,1 quilômetros de extensão, o CANAL DO PANA é uma via hidráulica artifici que atravessa o istmo (porç estreita de terra) do Panamá América Central, conectando Oceano Atlântico ao Pacífic

América do Norte e Central

46

O GOLFO DO MÉXICO é um dos maiores do mundo. Está localizado no Oceano Atlântico, entre o litoral da América do Norte e da América Central, tendo o Mar do Caribe a leste.

ESTADOS UNIDOS

Golfo do México

CUBA

Mar do Caribe

Oceano Atlântico

BELIZE
Belmopan

GUATEMALA
Cidade de Guatemala

HONDURAS
Tegucigalpa

São Salvador
EL SALVADOR

Manágua
NICARÁGUA

San José
COSTA RICA

PANAMÁ
Cidade do Panamá

AMÉRICA DO SUL

47

Estreito da Flórida

Nassau

BAHAMAS

Havana

açúcar

CUBA

HAITI
Porto Príncipe

JAMAICA
Kingston

A REGIÃO DO CARIBE é formada por inúmeras ilhas que separam o Golfo do México do Mar do Caribe.

Golfo do México

AMÉRICA CENTRAL

Mar do Caribe

48

Caribe

As ilhas do Caribe estão agrupadas em três arquipélagos: as ANTILHAS MAIORES (Hispaniola – ou Ilha de São Domingos, Cuba, Jamaica e Porto Rico); as ANTILHAS MENORES e o ARQUIPÉLAGO DAS BAHAMAS.

Oceano Atlântico

Ilhas Turcas e Caicos

REPÚBLICA DOMINICANA

Santo Domingo

PORTO RICO
San Juan

Ilhas Virgens

Anguilla

ANTÍGUA E BARBUDA
Saint John's

Basseterre

SÃO CRISTÓVÃO E NÉVIS

Guadalupe

DOMINICA
Roseau

SANTA LÚCIA
Castries

Martinica

Kingstown

SÃO VICENTE E GRANADINAS

Bridgetown
BARBADOS

Saint George
GRANADA

Aruba   Curaçao

AMÉRICA DO SUL

TRINDADE E TOBAGO
Porto da Espanha

AS ÁGUAS DO CARIBE são tropicais e, graças à influência das correntes do Golfo do México, são bem quentes.

49

MAR DO CARIBE

AMÉRICA CENTRAL

CARACAS

VENEZUELA

SALTO ÁNGEL

Bogotá

COLÔMBIA

O RIO AMAZONAS, com 6.992 quilômetros de extensão, detém o recorde de maior rio do mundo, junto com o Nilo.

EQUADOR

Quito

PERU

Ilhas Galápagos

Lima

La Paz

Oceano Pacífico

América do Sul

50

Georgetown
Paramaribo
GUIANA FRANCESA
Caiena
SURINAME

Oceano Atlântico

RIO AMAZONAS

AMAZÔNICA

BRASIL

Brasília

Oceano Atlântico

BOLÍVIA

PARAGUAI

Assunção

AMÉRICA DO SUL

A FLORESTA AMAZÔNICA se estende sobre uma superfície de 6 milhões de km² e cobre nove países. Porém, 60% do seu território está localizado no Brasil.

51

América do Sul

A CORDILHEIRA DOS ANDES é a cadeia de montanhas mais importante da América do Sul; ela atravessa todo o continente sul-americano.

A PATAGÔNIA é a região mais ao sul do continente. Distribuída entre a Argentina e o Chile, é o lar de uma incrível variedade de

BRASIL

URUGUAI
Montevidéu

Buenos Aires

ARGENTINA
Santiago do Chile

CHILE

ANDES

Oceano Pacífico

52

Oceano Atlântico

Ilhas Malvinas (Reino Unido)

Cabo de Hornos

Estreito de Magalhães

PATAGÔNIA

O ESTREITO DE MAGALHÃES é a passagem natural mais importante entre o Oceano Pacífico e o Atlântico. É difícil de atravessá-lo devido aos fortes ventos e às correntes oceânicas.

53

Monumento mais famoso

Casa da Ópera de Sydney
(Sydney, Austrália)

ILHAS MARIANAS DO NORTE (EUA)

ILHA WA... (EUA)

GUAM (EUA)

PALAU

ESTADOS FEDERADOS DA MICRONÉSIA

ILHAS MARSHA...

PAPUA-NOVA GUINÉ

ASIA

NAURU

Países: 14
Área: 8.526.000 km²
Habitantes: 43 milhões

ILHA...

SALOMÃO

VANUATU

Oceano Índico

Mar de Coral

Grande Barreira de corais

AUSTRÁLIA

NOVA CALEDÔNIA (FRANÇA)

Grande Baía Australiana

Oceano Pacífico

O nome OCEANIA se refere ao imenso oceano que contorna o continente. Mas também faz referência ao deus dos rios, chamado de Oceanus. De acordo com os gregos e romanos, ele rodeava o mundo.

ABORÍGENES são os povos indíge... da Austrália. Já os MAORIS são o p... polinésio que vivia na Nova Zelân... bem antes de os colonizadore... britânicos chegarem.

Mar da Tasmânia

54

Recordes da Oceania

ILHAS DO HAVAÍ (EUA)

MAIOR RIO
Murray-Darling (Austrália): 3.672 km; deságua no Pacífico.

MONTANHA MAIS ALTA
Wilhelm (Papua-Nova Guiné): 4.509 m

MAIOR PAÍS
Austrália: 7.692.000 km²

MENOR PAÍS
Nauru: 21,4 km²

MAIOR VULCÃO
Mauna Loa (Havaí, Estados Unidos): 4.170 m

MAIOR DESERTO
Grande Deserto de Vitória (Austrália): 424.500 km²

A Oceania possui cerca de 25 mil ilhas, além de mais territórios do que qualquer outro continente.

KIRIBATI

Oceano Pacífico

TUVALU

TOKELAU (NOVA ZELÂNDIA)

SAMOA

WALLIS E FUTUNA (FRANÇA)

SAMOA AMERICANA (EUA)

ILHAS COOK (NOVA ZELÂNDIA)

POLINÉSIA FRANCESA (FRANÇA)

ILHAS FIJI

TONGA

NIUE (NOVA ZELÂNDIA)

ILHAS PITCAIRN (REINO UNIDO)

CIDADE MAIS POPULOSA
Sydney (Austrália): 5.131.000 habitantes

A NOVA ZELÂNDIA é composta por duas ilhas principais e inúmeras ilhas menores.

NOVA ZELÂNDIA

MAIOR LAGO
Eyre (Austrália): 9.500 km²

MAIOR ILHA
Nova Guiné: 785.000 km²

Oceania

O território da Oceania é composto 99% pela Austrália, Papua-Nova Guiné e Nova Zelândia; os demais países são pequenas ilhas de corais ou vulcânicas (Fiji, Salomão, Vanuatu, Samoa). Outras ilhas também fazem parte do continente, mas pertencem aos Estados Unidos e à França.

ÁSIA

INDONÉSIA

Oceano Índico

O maior país da Oceania é a AUSTRÁLIA. Possui uma população de mais de 25 milhões de habitantes, sendo que a maioria vive perto da costa.

AUSTRÁLIA

GRANDE DESERTO DE VITÓRIA

Grande Baía Australiana

Austrália, Nova Zelândia e Papua-Nova Guiné

56

A PAPUA-NOVA GUINÉ é o segundo maior país da Oceania, depois da Austrália. É composto por muitos arquipélagos e grandes ilhas.

Porto Moresby

PAPUA-NOVA GUINÉ

Oceano Pacífico

Grande Barreira de corais

MICRONÉSIA

Mar de Coral

Formado por duas grandes ilhas principais, a NOVA ZELÂNDIA possui uma paisagem muito variada: vales alpinos, selva, praias, montanhas glaciais, lagos, fiordes, vulcões ativos e gêiseres.

Sidney

NOVA ZELÂNDIA

Estreito de Cook

Camberra

Mar da Tasmânia

Wellington

TASMÂNIA

A TASMÂNIA é um estado insular da Austrália, localizado a 240 quilômetros ao sul do continente australiano.

57

ILHAS MIDWAY (EUA)

ILHA MARCUS (JAPÃO)

WAKE (EUA)

ATOL JOHNS (EUA)

ILHAS MARIANAS (EUA)

MICRONÉSIA

Koror

PALAU

GUAM (EUA)

ESTADOS FEDERADOS DA MICRONÉSIA

Majuro

ILHAS MARSHALL

Palikir

HOWLA (EUA)

Tarawa

NAURU

Ilhas Gilbert

ILHAS SALOMÃO

TUVALU

Funafuti

WALLIS E FUTUNA (FRANÇA)

Honiara

Mar de Coral

Grande Barreira de Corais

NOVA CALEDÔNIA

Porto Vila

VANUATU

Suva

OCEANIA

(FRANÇA)

Nouméa

FIJI

Nucua

TONGA

MELANÉSIA

As ilhas do Pacífico são um grupo de cerca de 30 mil ilhas localizadas nesse oceano. As que estão ao sul do Trópico de Câncer estão agrupadas em três regiões geográficas: MELANÉSIA, MICRONÉSIA e POLINÉSIA.

58

Ilhas do Pacífico

ILHAS DO HAVAÍ (EUA)
Honolulu
MAUNA LOA

PALMYRA (EUA)

JARVIS (EUA)

Ilhas Fênix

ILHAS TOKELAU (NOVA ZELÂNDIA)

SAMOA AMERICANA (EUA)

NIUE (NOVA ZELÂNDIA)

ILHAS COOK (NOVA ZELÂNDIA)

Avarua

Oceano Pacífico

Ilhas da Linha

KIRIBATI

POLINÉSIA

Ilhas Marquesas

Ilhas Tuamotu

Papeete

Ilhas da Sociedade

POLINÉSIA FRANCESA (FRANÇA)

ILHA DE PÁSCOA (CHILE)

ILHAS PITCAIRN (REINO UNIDO)

O OCEANO PACÍFICO é a maior extensão de água da Terra, tanto em área quanto em volume. Ocupa 1/3 da superfície terrestre, com um total de 179 milhões de km².

59

Antártica

AMÉRICA DO SUL
Cabo de Hornos

Oceano Atlântico

Círculo Polar Antártico

Oceano Pacífico

Mar de Weddell

Terra de Palmer

Plataforma de gelo Filchner-Ronne

Mar de Amundsen

Terra de Marie Byrd

Plataforma de gelo Ross

Mar de Ross

Base científica Amundsen-Scott

POLO S

A Antártica é o continente mais ao sul (ou meridional) da Terra, e fica no extremo oposto do Ártico. Ele circunda o Polo Sul e é formado pelas terras e mares dentro do Círculo Antártico.

60

ÁFRICA

Área:
14.000.000 km²

População:
1.000 (residentes)
4.000 (no verão)

Círculo Polar Antártico

Rainha Maud

Mar Antártico

Oceano Índico

Base Científica Vostok (RÚSSIA)

Transantárticos

Terra De Wilkes

ESTAÇÃO McMURDO 3 km
(ESTADOS UNIDOS)

OCEANIA

61

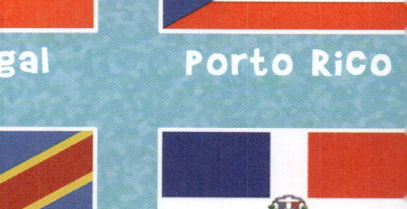

Malawi	Maldivas	Malásia	Mali	Malta	Marrocos
Mauritânia	Maurício	México	Micronésia	Moldávia	Mônaco
Mongólia	Montenegro	Moçambique	Myanmar (Birmânia)	Namíbia	Nauru
Nepal	Nicarágua	Níger	Nigéria	Noruega	Nova Zelândia
Omã	Países Baixos	Paquistão	Palau	Palestina	Panamá
Papua-Nova Guiné	Paraguai	Peru	Polônia	Portugal	Porto Rico
Reino Unido	República Tcheca	República Centro-Africana	República Do Congo	Rep. Democrática Do Congo	República Dominicana
Romênia	Ruanda	Rússia	São Cristóvão e Névis	Santa Lúcia	São Vicente e Granadinas
Samoa	San Marino	São Tomé e Príncipe	Senegal	Sérvia	Seicheles